HOW TO DRAW YOUR DRAGON

STEVE HERMAN

How to Draw Your Dragon

Author: Steve Herman

ISBN-13: 978-1-948040-63-1

ISBN-10: 1-948040-63-8

Published by DG Books Publishing, an imprint of Digital Golden Solutions LLC.

First Edition: November 2018

10 9 8 7 6 5 4 3 2 1

www.MyDragonBooks.com

CONTENTS

6

ANGRY

1.

2.

3.

4.

5.

6.

BRAVE

1.

2.

3.

4.

5.

6.

CURIOUS

1.

2.

3.

4.

5.

6.

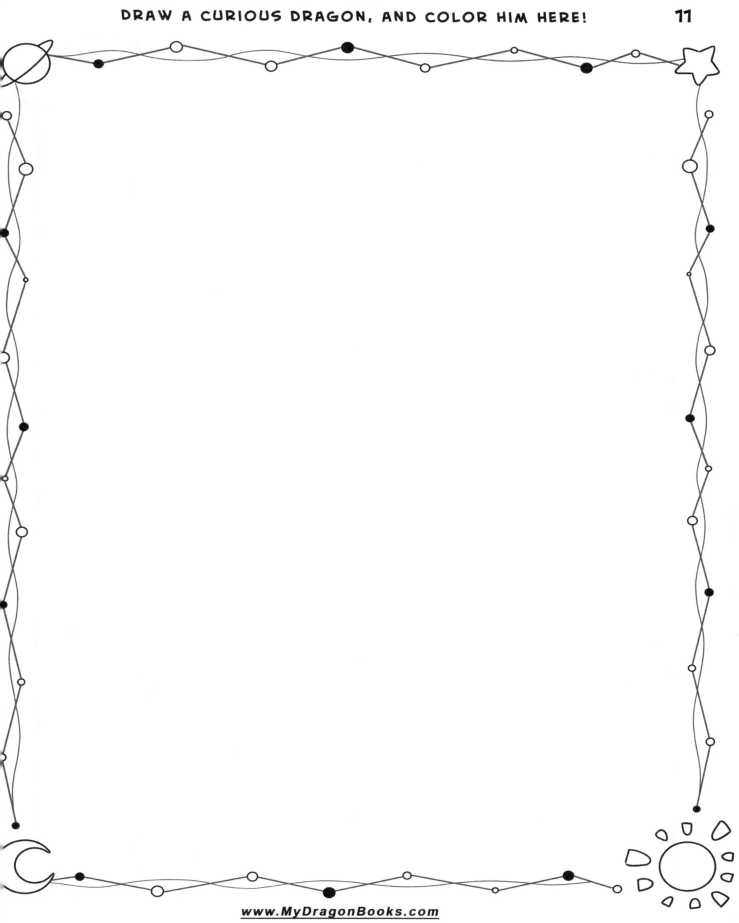

DISAPPOINTED

1.

2.

3.

4.

5.

6.

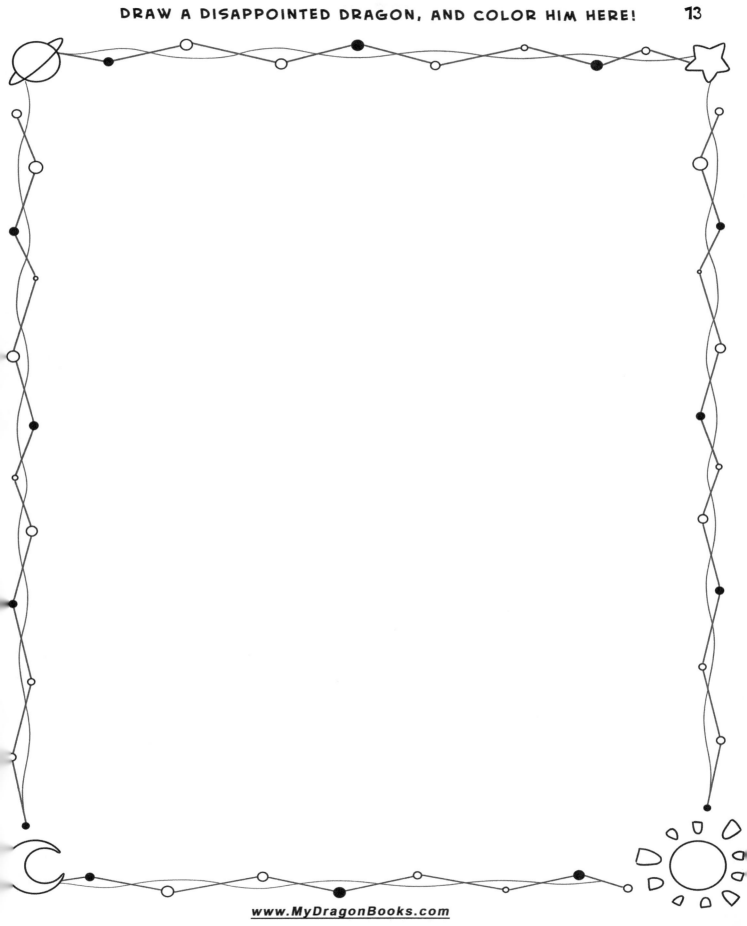

EMBARRASSED

1.

2.

3.

4.

5.

6.

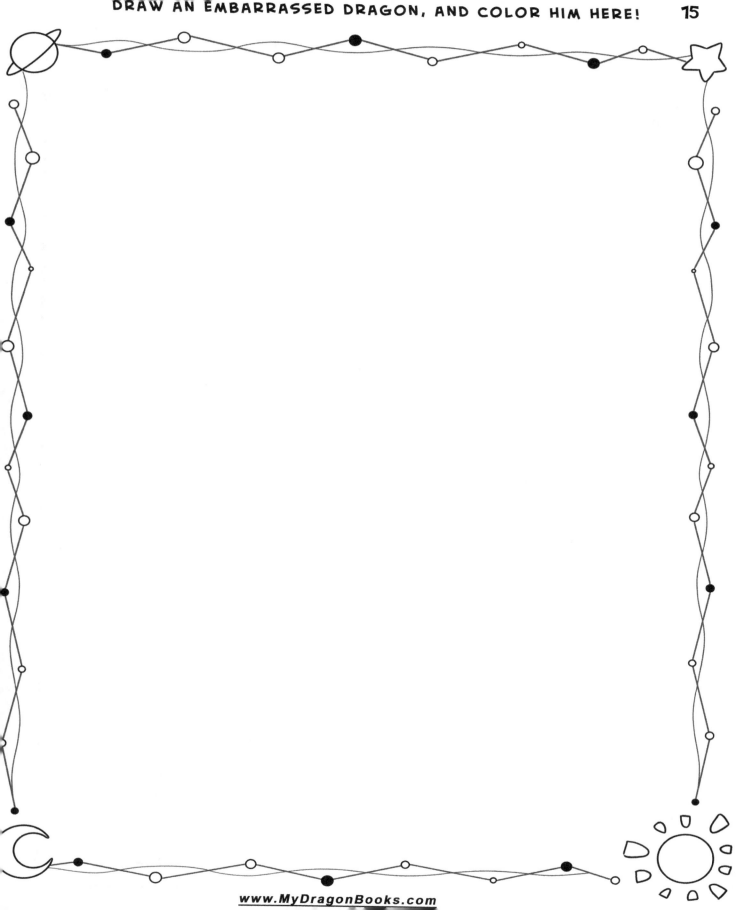

FUNNY

1.

2.

3.

4.

5.

6.

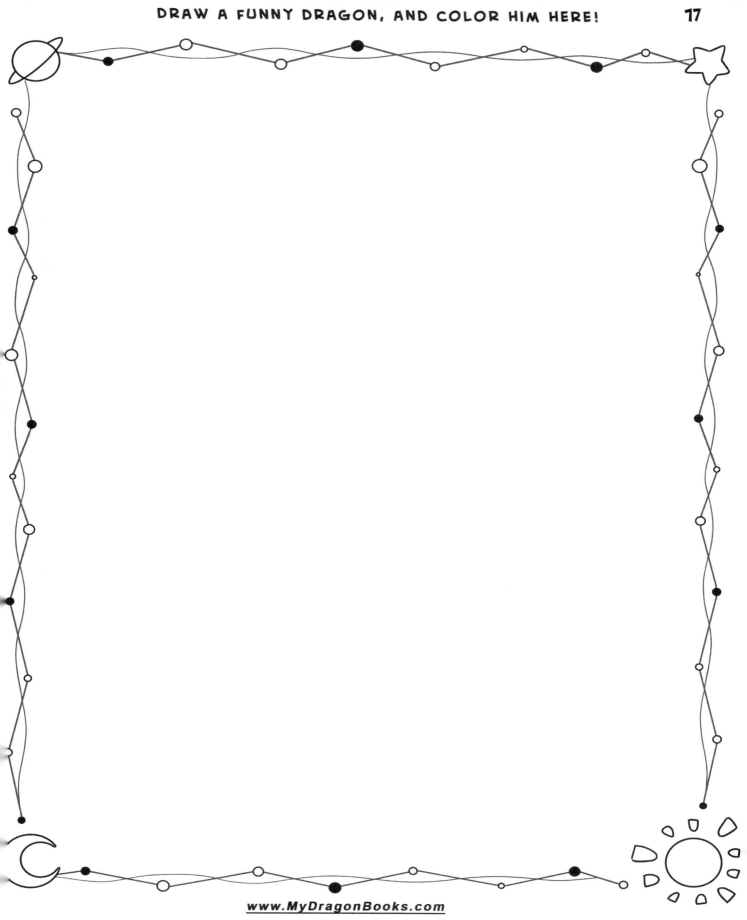

GRATEFUL

1.
2.
3.
4.
5.
6.

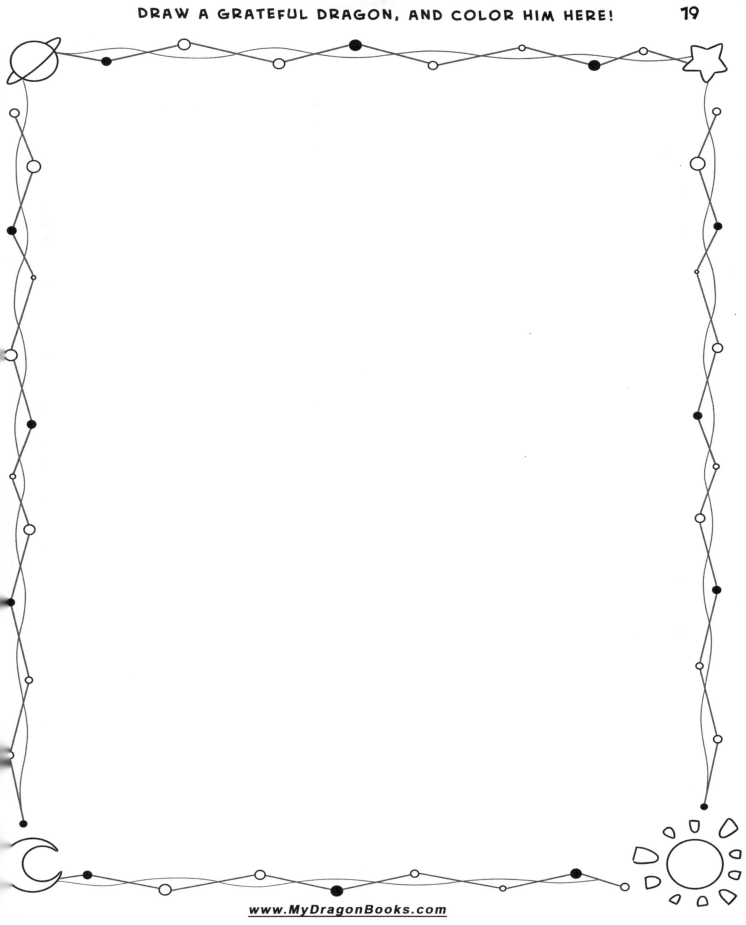

20

HAPPY

1.

2.

3.

4.

5.

6.

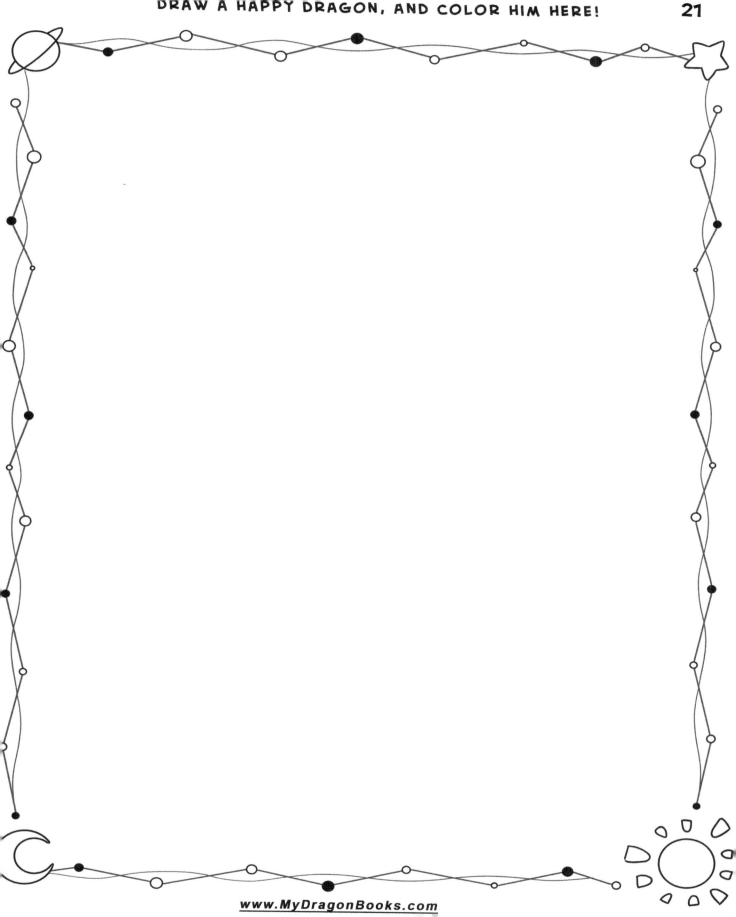

IMPATIENT

1.

2.

3.

4.

5.

6.

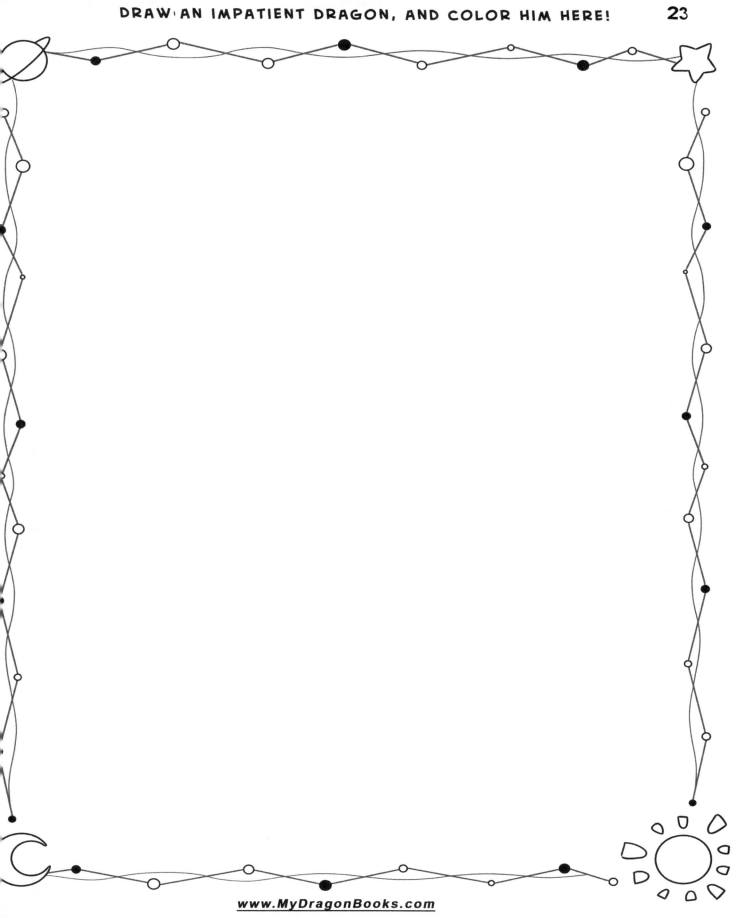

JEALOUS

1.

2.

3.

4.

5.

6.

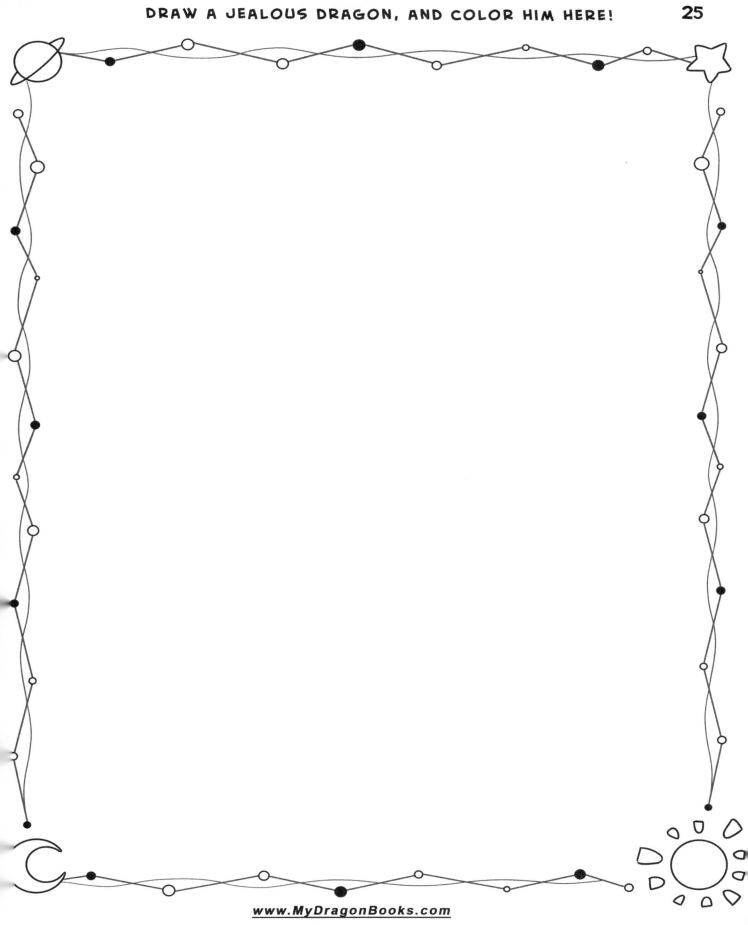

26

KIND

1.

2.

3.

4.

5.

6.

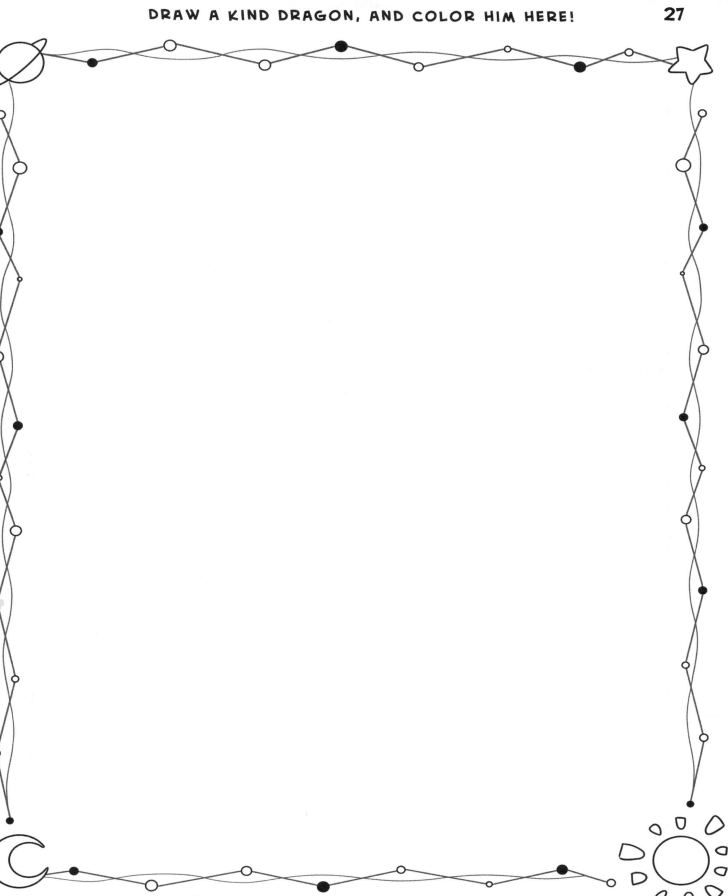

28

LAZY

1.
2.
3.
4.
5.
6.

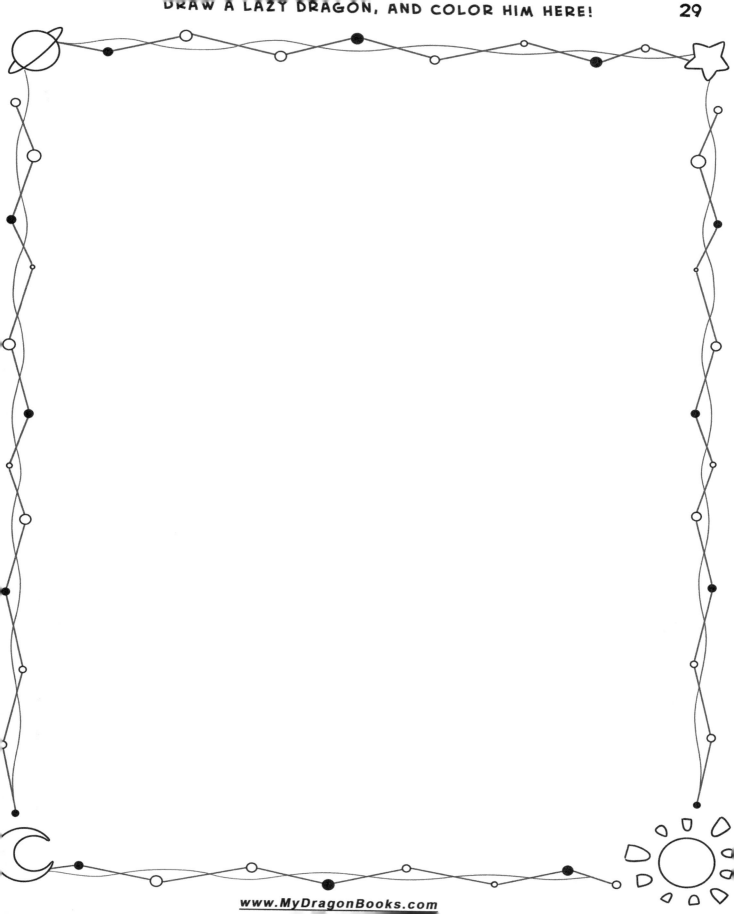

30

MAD

1.

2.

3.

4.

5.

6.

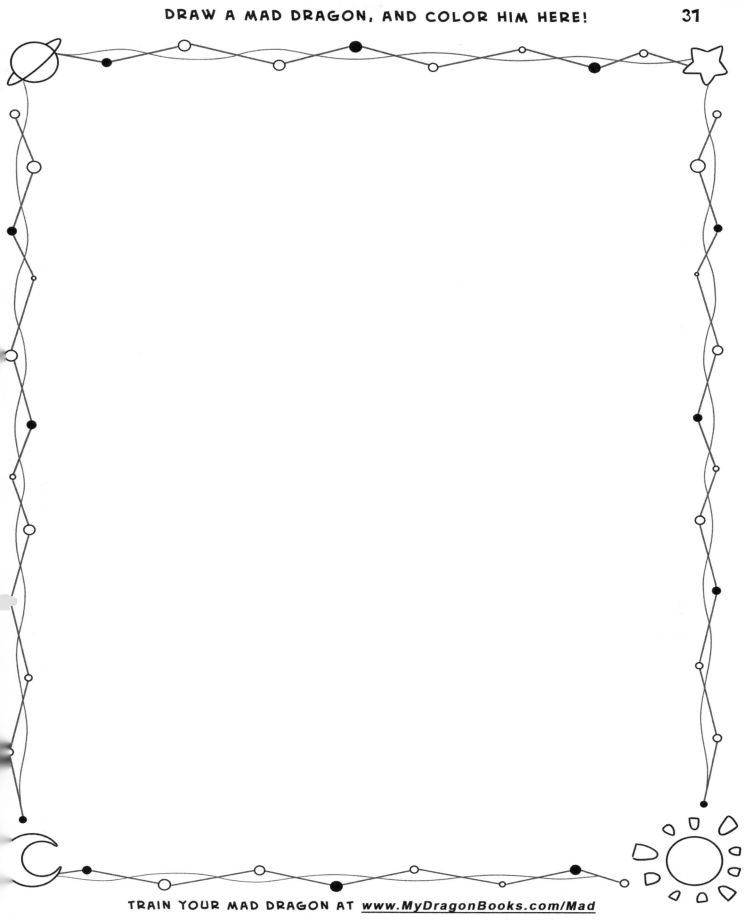

32

NICE

1.

2.

3.

4.

5.

6.

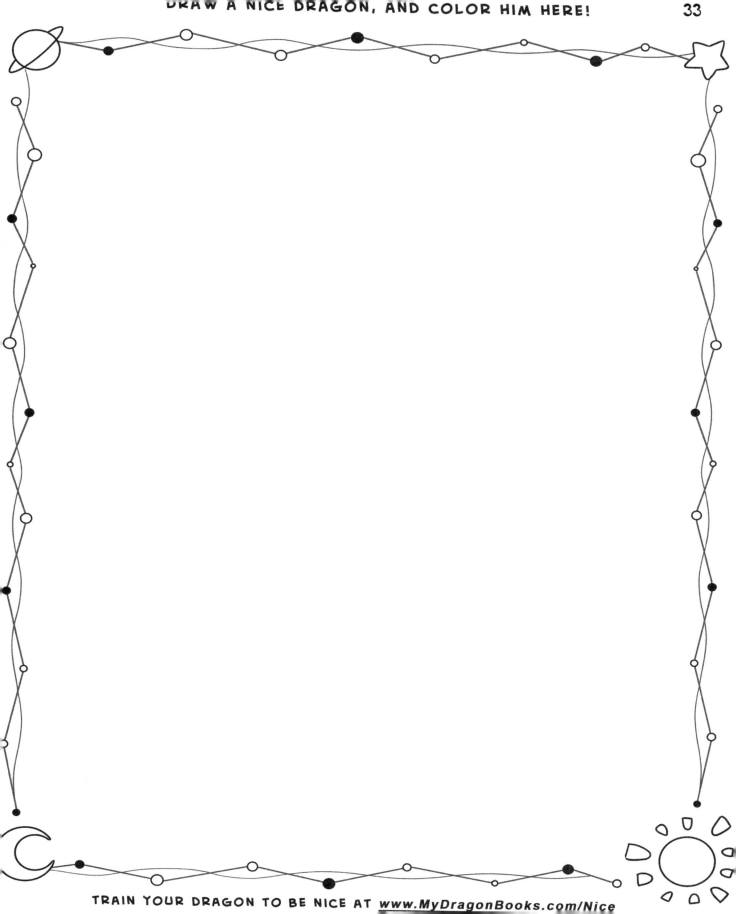

OVERJOYED

1.

2.

3.

4.

5.

6.

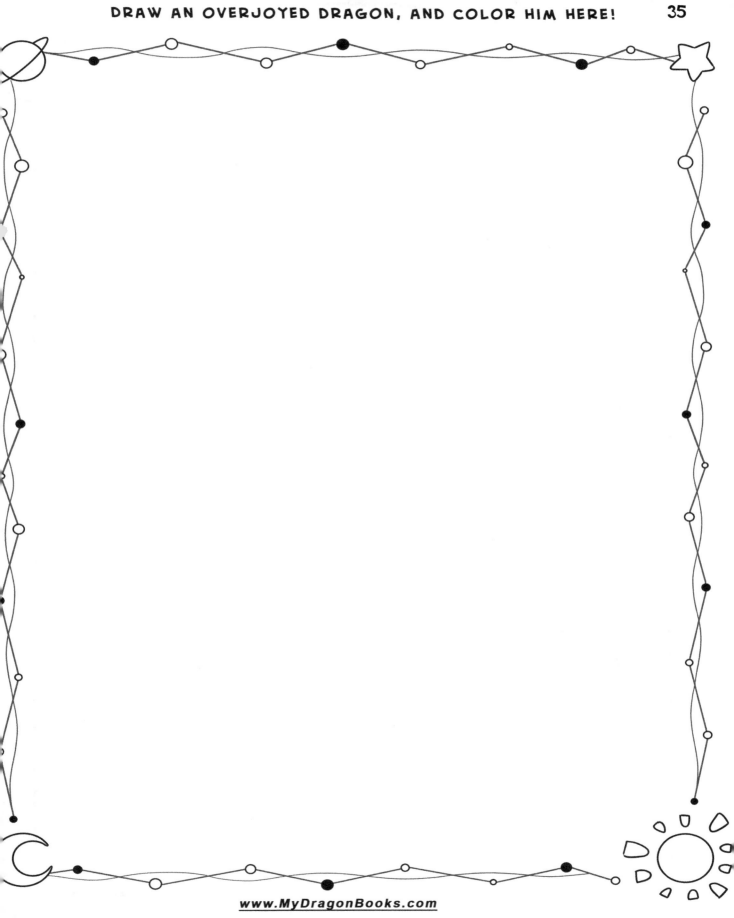

PEACEFUL

1.

2.

3.

4.

5.

6.

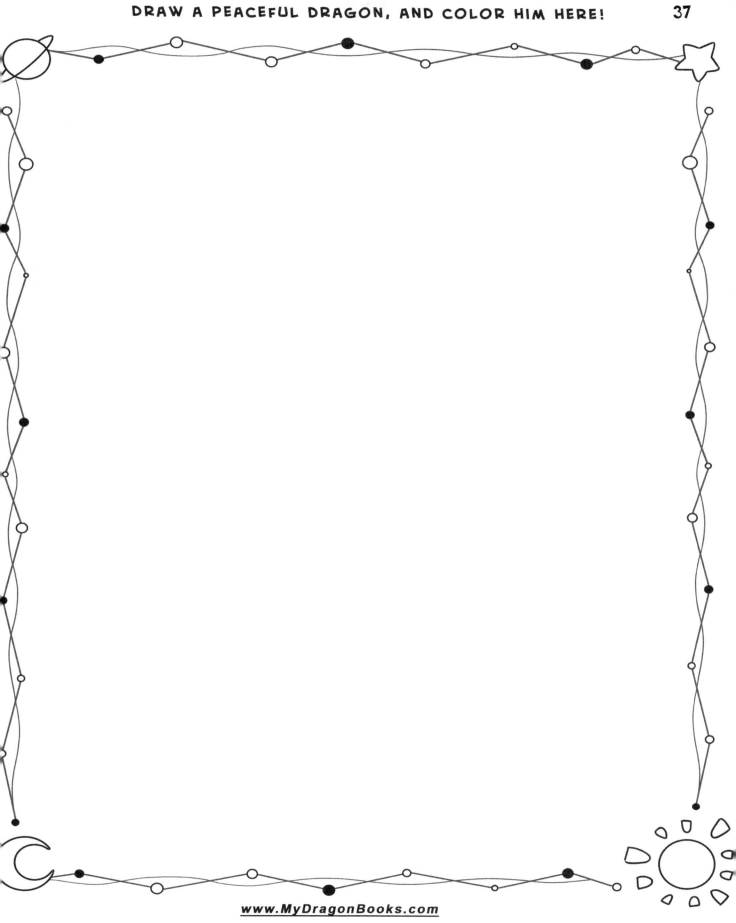

QUIET

1.

2.

3.

4.

5.

6.

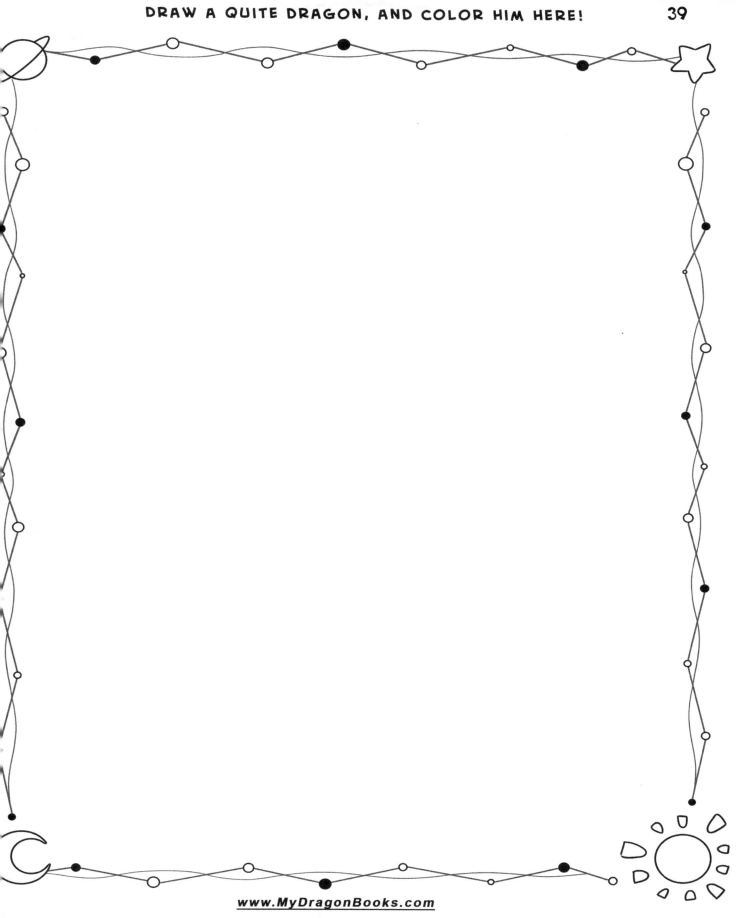

RELAXED

1.

2.

3.

4.

5.

6.

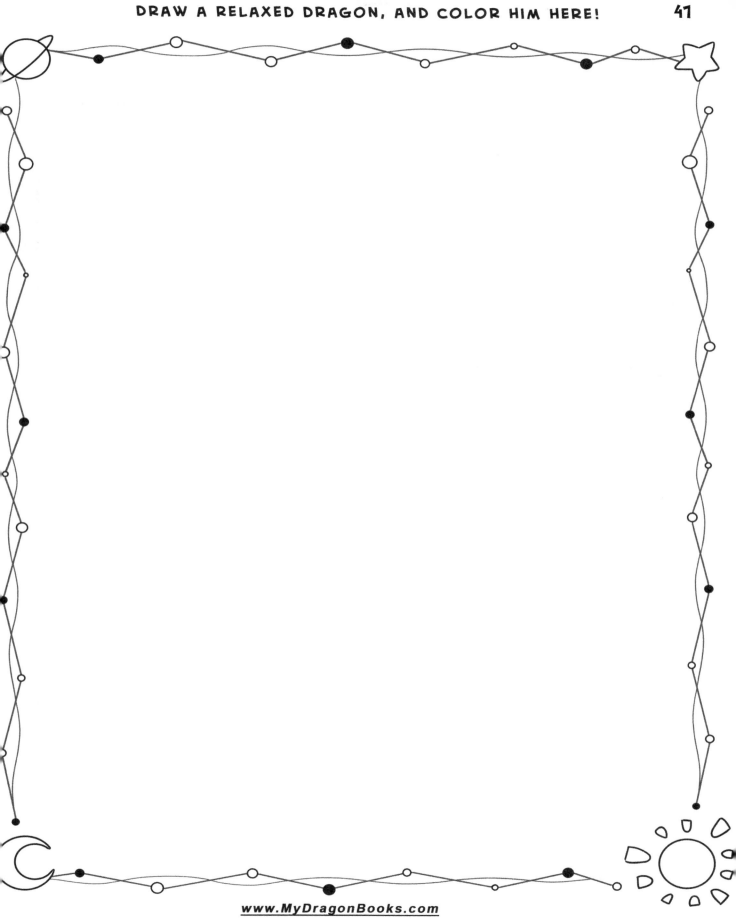

SURPRISED

1.

2.

3.

4.

5.

6.

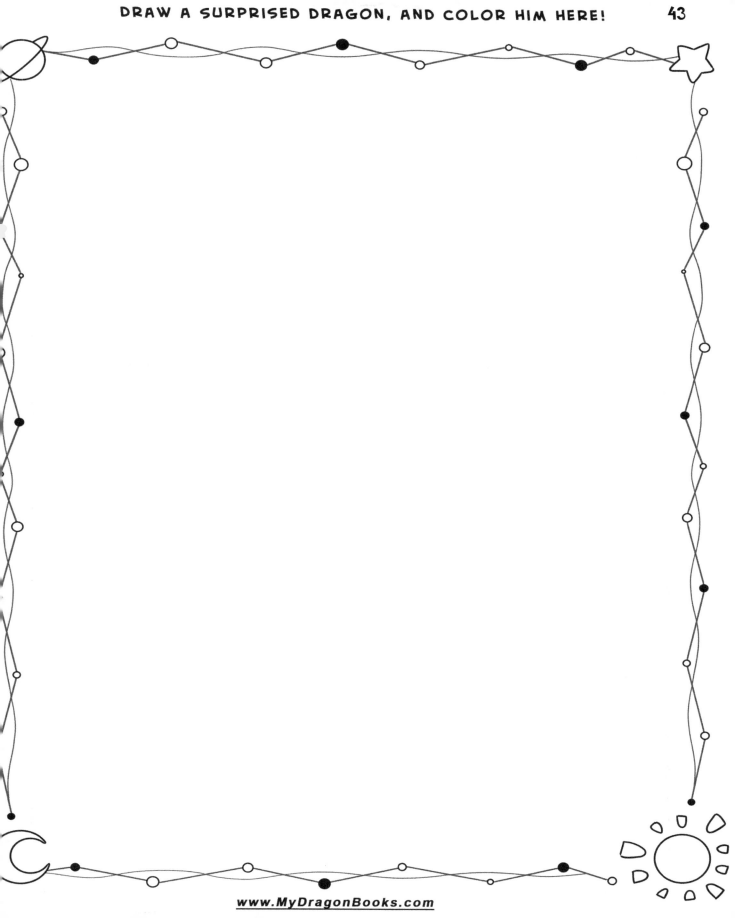

44

THANKFUL

1.

2.

3.

4.

5.

6.

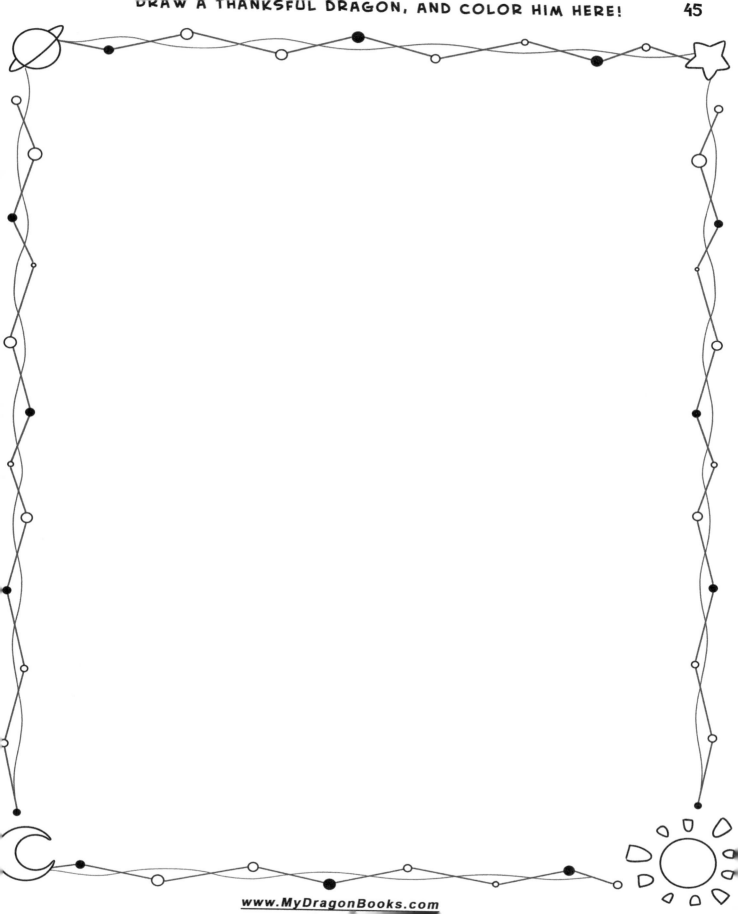

UNSURE

1.

2.

3.

4.

5.

6.

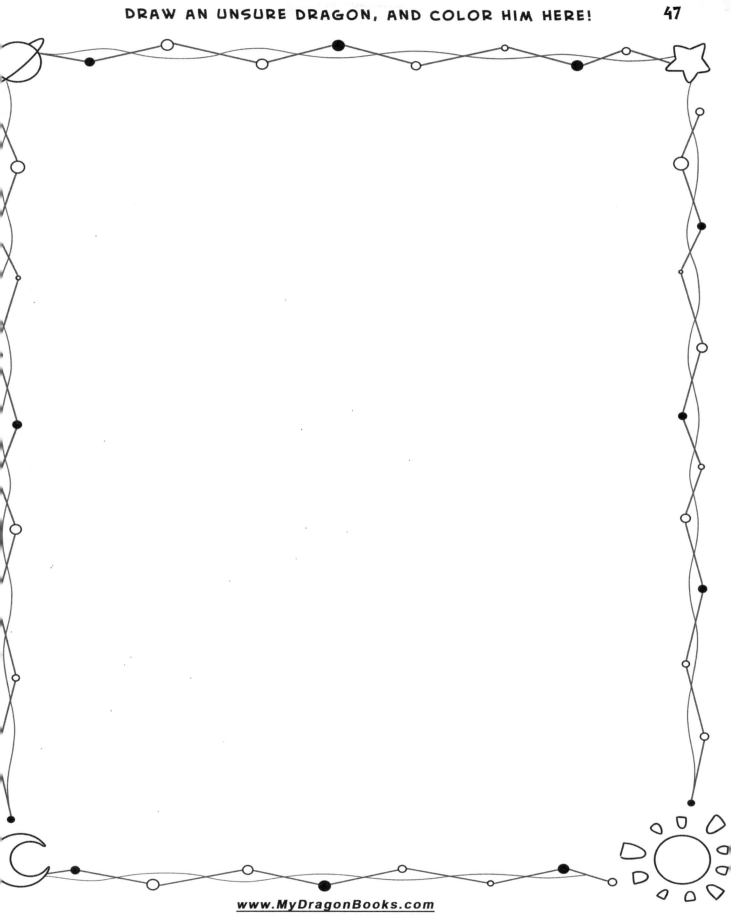

VULNERABLE

1.

2.

3.

4.

5.

6.

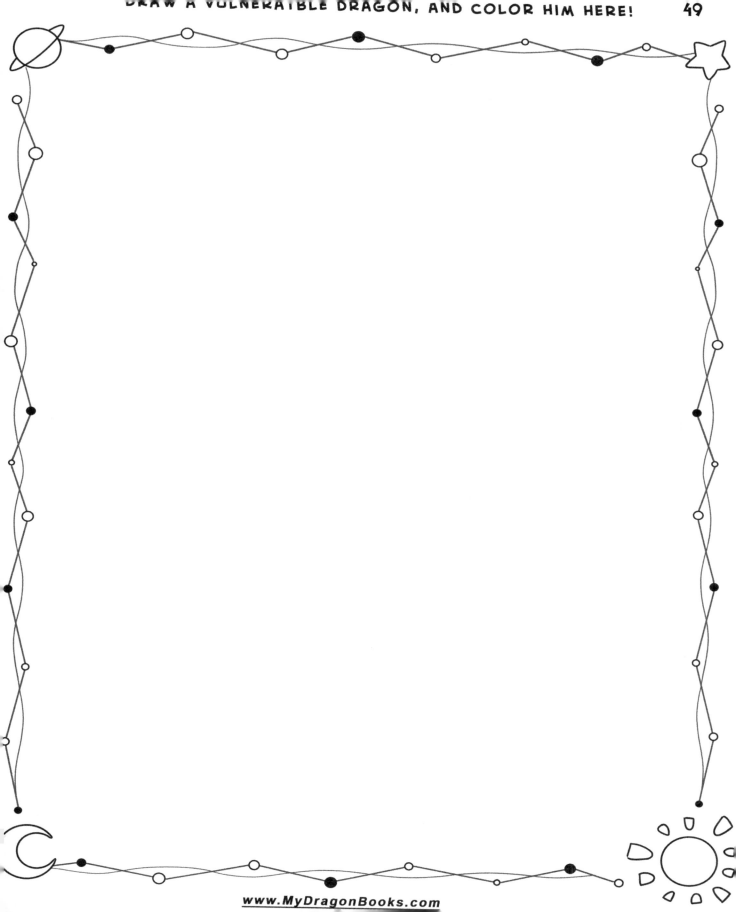

WORRIED

1.

2.

3.

4.

5.

6.

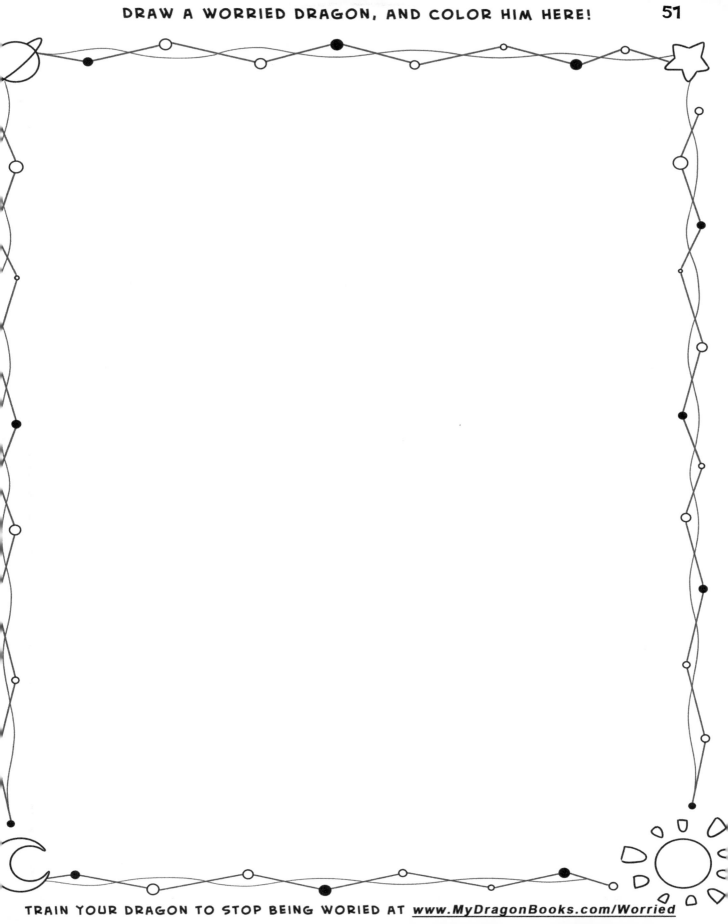

52

eXCITED

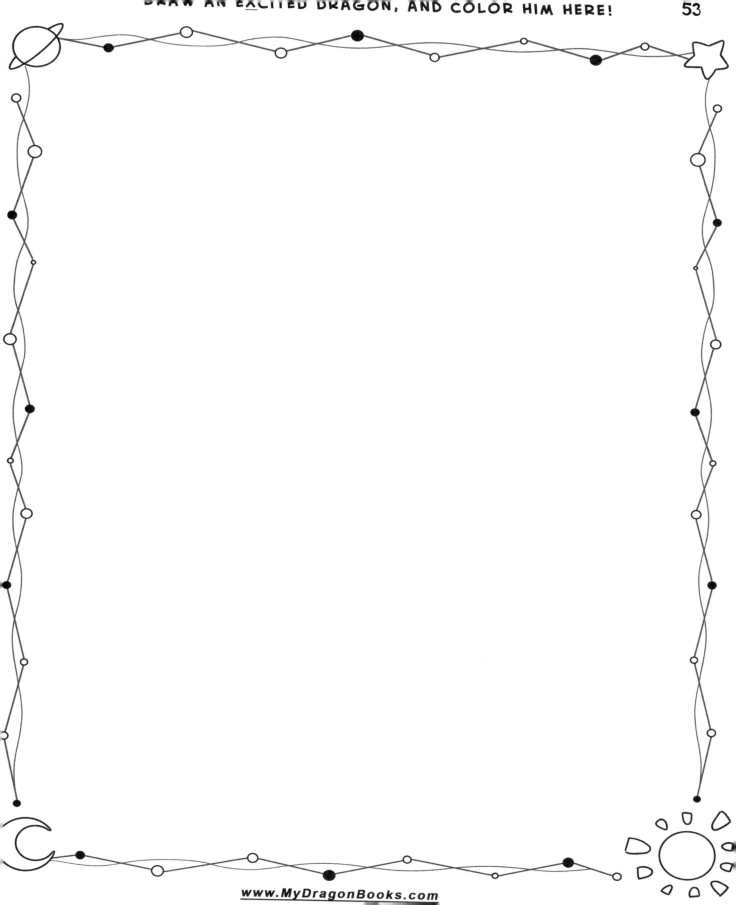

Youthful

1.

2.

3.

4.

5.

6.

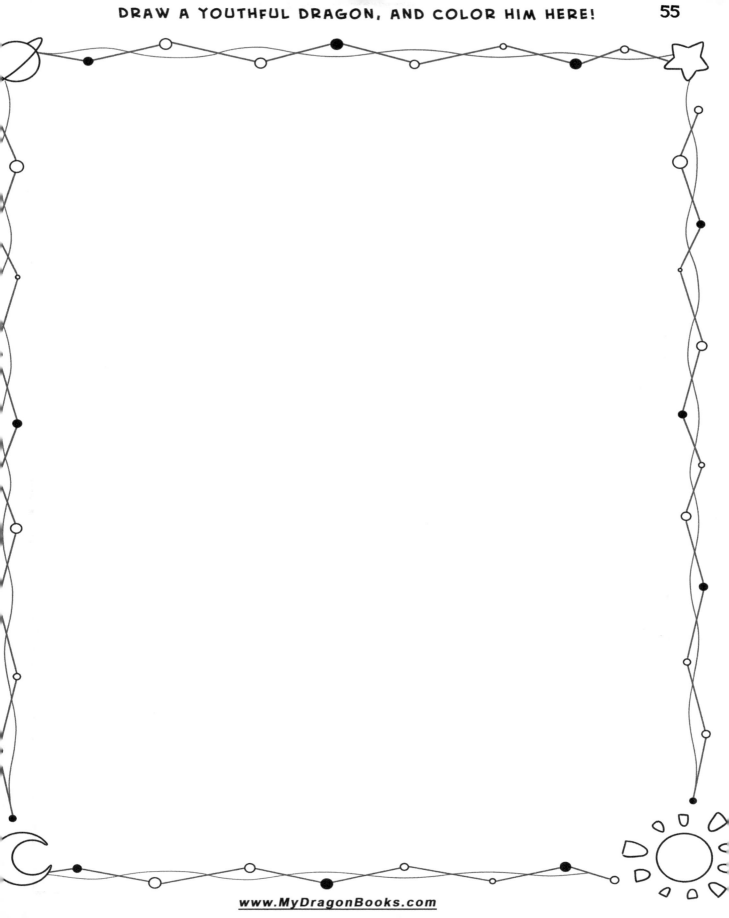

ZESTFUL

1.

2.

3.

4.

5.

6.

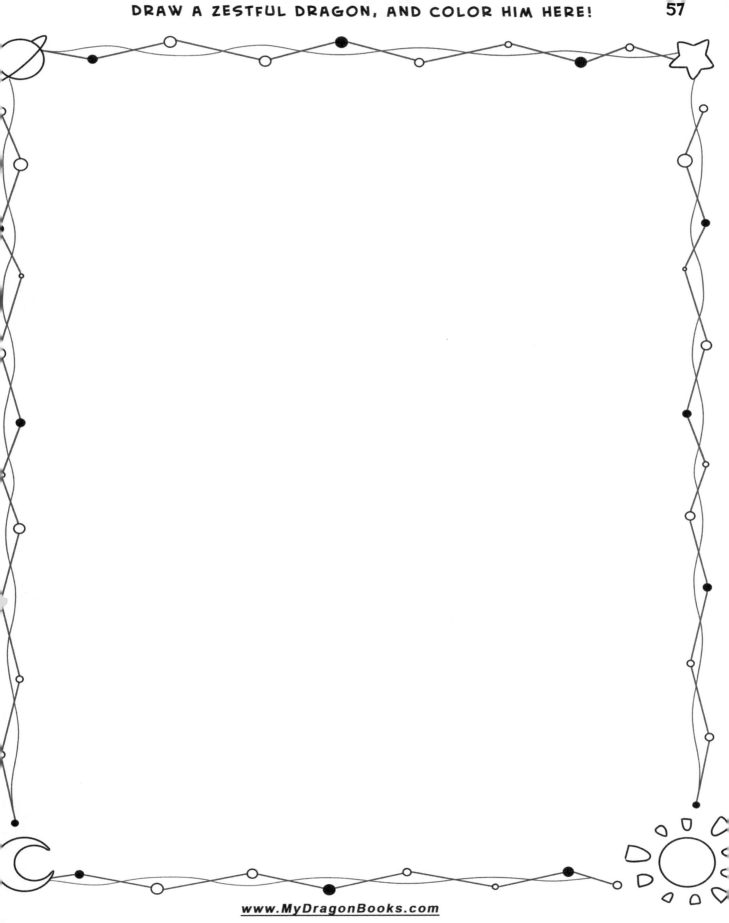

Read more about Drew and Diggory Doo!

59

CPSIA information can be obtained
at www.ICGtesting.com
Printed in the USA
LVHW100957140520
655599LV00007B/100